जीवन-कहानी
कविताओं की जुबानी

शिवांगी शर्मा

Copyright © Shivangi Sharma
All Rights Reserved.

ISBN 979-888521878-8

This book has been published with all efforts taken to make the material error-free after the consent of the author. However, the author and the publisher do not assume and hereby disclaim any liability to any party for any loss, damage, or disruption caused by errors or omissions, whether such errors or omissions result from negligence, accident, or any other cause.

While every effort has been made to avoid any mistake or omission, this publication is being sold on the condition and understanding that neither the author nor the publishers or printers would be liable in any manner to any person by reason of any mistake or omission in this publication or for any action taken or omitted to be taken or advice rendered or accepted on the basis of this work. For any defect in printing or binding the publishers will be liable only to replace the defective copy by another copy of this work then available.

क्रम-सूची

लेखिका परिचय	v
पुस्तक परिचय	vii
1. बैरागी संग प्रेम	1
2. तो ... क्या ?	2
3. राहें	3
4. अधूरा ख़त	4
5. मैं और पतंग	5
6. आत्म अभिव्यक्ति	6
7. धीरललित	7
8. मैं प्रेम हूँ	9
9. रेत घड़ी	10
10. ठहर ज़िन्दगी	11
11. श्यामल सलोनी	12
12. स्त्री अहसास	14
13. अर्थहीन	16
14. धूप खिली है ...	18
15. बिंदिया मेरी	20
16. खोखले रिश्ते	21
17. कहाँ आ गई हूँ मैं	22
18. यात्रा	23
19. तुझमें मैं	25
20. गाँव मेरा	26

क्रम-सूची

21. नया प्यार	28
22. एक गर्म दोपहर	29
23. दोगलापन	31
24. जानबूझकर खो देना	33
25. भीड़तंत्र	35
26. प्रकृति और प्रीत	37
27. आज फिर	38
28. राष्ट्र के नाम	40
29. मिट्टी	41
30. यायावर यादें	43
31. नीम मीठे होते हैं	45
32. एक दिन का लेखक	47

लेखिका परिचय

Shivangi Sharma

लेखिका – शिवांगी शर्मा ; वर्तमान में दिल्ली , भारत में निवास करती हैं। इनका जन्मस्थल – रायबरेली , उत्तरप्रदेश है किंतु इन्होंने जीवन के प्राम्भिक वर्ष जयपुर , राजस्थान में बिताये। इनकी सम्पूर्ण शिक्षा जयपुर , राजस्थान के स्कूल व कॉलेजों से ही हुई है। लेखिका शिवांगी शर्मा विज्ञान संकाय से स्नातक(B.Sc.) , शिक्षा – स्नातक

(B.Ed.) एवं पत्रकारिता व जनसंचार (MJMC) में परास्नातक हैं ।

जब ये मात्र दस वर्ष की थीं तब इन्होंने अपनी पहली कविता – दीपावली लिखी थी ।इन्होंने बतौर सह – लेखिका आठ साझा – संकलन पुस्तकों में लेखन कार्य किया है। इनकी कवितायें भारत के समाचार पत्रों में प्रकाशित होती रहती हैं। इनकी साझा संकलन पुस्तकों की सूची निम्न है , जिनमें से पाँच प्रकाशित हो चुकी हैं व तीन प्रकाशन के क्रम में अग्रसर हैं-

1.Ankahi Dastaan
2.Relations Intertwined
3.Random जज़्बात
4.Carpediem
5.My marriage story
6.The Opus Book
7.मेरा वीरे
8.Stars In The Jar

shivangisharma918 इनका इंस्टाग्राम अकाउंट है। " Shivangi Sharma – शब्दों के शिखर " नाम से इनका facebook पेज ऑनलाइन पाठकों के मध्य लोकप्रिय है और अपने 2,500 फॉलोअर्स काफी कम समय में पूर्ण कर चुका है।

ई – मेल : **shivangi07sharma@gmail.com**

आप अपनी रचनायें फेसबुक पेज पर भी लिखती है
Shivangi Sharma - शब्दों के शिखर| Facebook

पुस्तक परिचय

पुस्तक “ जीवन – कहानी ... कविताओं की ज़ुबानी ” में संग्रहित कविताएँ जीवन से गुज़रती हुई जीवन तक पहुँचती हैं। कविताओं की शैली विविधता लिए हुए है । कुछ कविताएँ सरल – सहज हैं तो कुछ कविताओं में गहनता , गंभीरता, दार्शनिकता का पुट मिलता है। बतौर लेखिका कविता लिखना उनके लिए साँस लेने जितना अहम है , अतः प्रत्येक कविता भावनाओं की गहराईयों से लिखी गई है और पाठकों को बाँधे रखने में सक्षम हैं। प्रेम , वियोग , दर्द , श्रृंगार , राष्ट्रभक्ति, स्त्री – पुरुष विमर्श ,प्रकृति , यादें , इंतज़ार , व्यंग- कटाक्ष... जैसे जीवन के लगभग सभी पहलुओं को समेटे हुए हैं इनकी कविताएँ ।

उम्मीद है दिल से लिखा गया ये कविता संग्रह पाठकों के ह्रदय तक अवश्य पहुँचेगा।

1
बैरागी संग प्रेम

मन मेरा उस जोगी में; अटका ऐसे,
जैसे बैरागी हो जायेगा ।
उर चक्षु से पढ़ प्रेम को मेरे,
हे! निर्मोही...तेरा भी मन अनुरागी हो जाएगा ।।

बहुत कर ली ईश अभिलाषा,
बहुत बोल ली ज्ञान की भाषा ।
प्रीत की रीत में रंग गेरूआ अपना,
जीवन अतरंगी – सतरंगी हो जायेगा ।।

ध्यान लगा बैठा है शिखर पे,
देख धरा का मोक्ष जरा ।
प्रेम से अंकुरित, वो हरियल प्रेम से भरी,
और तू ले एकाकी अंतस; एक बंजर सा हो जायेगा।।

2

तो ... क्या ?

जब लक्ष्य बड़ा हो। रुख ? मौसम ?
गर लक्ष्य बड़ा है; तो पहले पूछो ख़ुद से ,
उस थकन भरी लंबी बोझिल राह पे चल पाओगे क्या ?
नभ में मँडराते काले बादल ; जब सूरज को धूमिल कर जायेंगे,
बोलो उस कटु तिमिर में ; तुम दीपक बन पाओगे क्या ?

जब सर्द रातों में ; सब सोते होंगे चैन से घर में ,
तुम बाहर सड़कों पे ; सर्द रात बिता पाओगे क्या ?
मौसम का रुख़ जब रूखा सा होगा ,
तो उपवन में एक पतझड़ ; तुम भी बिताओगे क्या ?

समरभूमि में जब रण का शंखनाद होगा,
तो शौर्य की धूल ; तुम भी उड़ा पाओगे क्या ?
छल – छलावे ; जब सियार बन घेरेंगे तुमको,
तो जीवन कानन में तुम ; " सिंह " बन पाओगे क्या ?

3
राहें

ये राहें जब चलना शुरू करती हैं तो ,
किसी अपने की पुकार सुनकर ; रफ़्तार पकड़ लेती हैं ,
भागती – हाँफती साँसों का सफ़र फिर थमता वहीं है,
जहाँ मौन भी इतना मौन हो कि शोर करने लगे ।
एक दूसरे से अलग ; बिल्कुल अलग... दो राहें ,
जब उभयबिन्दु पे मिलती हैं एकदूजे से ,
तो काटती हैं पूर्वाग्रहों...परम्परागत दायरों को,
...और फिर प्रस्फुटित होता है...निश्छल – निष्काम प्रेम ।
राहों का राहों से आलिंगन ; एकसार होना ,
हाथों में हाथ डाले जब साथ चलती हैं,
तो राहें ...राह सी नहीं ; किसी मंजिल सी लगती हैं,
अंतहीन अनन्त... आरम्भ सी लगती हैं ।
ये राहें जब चलना शुरू करती हैं तो,
...रफ़्तार पकड़ लेती हैं ।

4
अधूरा ख़त

देखो तुम अपनी यादों को कुछ यूँ ना पूरा होने दो,
प्यार के वो सारे ख़त जो अधूरे थे; अधूरे ही रहने दो।

बारिश में साथ भीगने की कोशिशें नाकाम रहने दो,
रोक के मेरी साँसें अपने सीने में ; सफ़र साँसों का अधूरा रहने दो।

बीती मुलाक़ातों की महक तुम अपनी जेबों में ही रहने दो,
तेरे हाथों से सजे गजरों की ख़ुशबू ; मेरे केशों में अधूरी रहने दो।

प्यार के सिक्कों की दौलत गुल्लकों में ही रहने दो,
तेरी कही – अनकही बातों की खनक; कानों में अधूरी रहने दो।

5
मैं और पतंग

पसन्द था मुझको भी पतंगों सा उड़ना,
खुले आसमान में चढ़ना – उतरना ।
तेज हवाओं संग मेरा थरथराना- फड़फड़ाना,
और कभी व्योम में योगी सा स्थिर हो जाना ।।

हमजोली डोरी संग ; कुछ ऐसा था ताना – बाना,
जैसे मेरे जीवन का साँसों से जुड़ जाना ।
कभी-कभी उसका मुझे सँभाल ले खींचना,
और कभी बेपरवाह सी ढील दे जाना ।।

कभी जीत आसमान सारा; बादशाह हो जाना,
और कभी काट के; एक नई डोर से बाँध दिया जाना ।
अनेकों बार कटना और लूट ली जाना,
फिर भी पसंद था उड़ना ; आसमान में चढ़ना – उतरना ।।

6
आत्म अभिव्यक्ति

उतंग, मलंग, पतंग सी...
किसी रोचक प्रसंग सी...
प्रसारित मैं तरंग सी...
हिय मिश्रित सुगंध सी...
मौन हूँ अभंग सी...
व्योम में विहंग सी...
हूँ गुणी मैं कदम्ब सी...
होली के हुड़दंग सी...
फिरूँ मैं दबंग सी...
खुले केशों में स्वतंत्र सी...
प्रीत में कुछ परतंत्र सी...
शब्दों के विविध रंग सी...
काव्य के मैं मंच सी...
काव्य के मैं मंच सी...

7
धीरललित

हे ! धीरललित ...
हे ! सुमित ... शुचित
प्रणय की पारावार हो तुम ।
वियोग में तेरे मैं कुम्हलाई
उलझी साँसों के प्राण हो तुम।
चंदन सुवास सम देह तुम्हारी,
अगणित कंदर्प सा आभास हो तुम ।
हे ! धीरललित ...
हे ! सुमित ... शुचित
प्रणय की पारावार हो तुम ।
ताम्र प्रभा सम देहताप तुम्हारे ,
तड़ित गति से भाव हो तुम ।
तुम सागर; मैं लहर तुम्हारी,
उत्साहित लहरों की प्यास हो तुम ।
हे ! धीरललित ...
हे ! सुमित ... शुचित
प्रणय की पारावार हो तुम ।
पृथक नहीं ;तुझमें निहित हूँ मैं,
पृथ्वी मैं ; अंतरिक्ष हो तुम ।

प्रेमगणित से तुम हो प्रिये!
मेरा शून्य भी तुम; अनंत भी तुम।
हे! धीरललित...
हे! सुमित... शुचित
प्रणय की पारावार हो तुम।

8
मैं प्रेम हूँ

प्रेम हूँ मैं, प्रेम की मैं वेदना हूँ,
 शून्य में ; अनन्त की संवेदना हूँ ।
 रोक पाओगे मेरे कदमों को कैसे ?
 प्रेम – पथ से खींच लाओगे तुम कैसे ?
 मैं नहीं वो पथिक; जो भटका हुआ है,
 दूर प्रियतम मेरा लक्ष्य सा खड़ा हुआ है।
 प्रेमरंग मुझपे यूँ ही नहीं चढ़ा हुआ है,
 रंग से पहले मेरा तन ; होली सा जला है।
 अधखिला सा रह गया मैं वो कुमुद हूँ,
 मन ये मेरा प्रेम सागर में रीता ही रहा है ।
 प्रीत का दिवस – रात विलोम ही रहा है,
 प्रेम का समीकरण; चकवा- चकवी सा रहा है।
 प्रेम हूँ मैं; प्रेम की मैं वेदना हूँ,
 शून्य से अनन्त की संवेदना हूँ ।

9
रेत घड़ी

खुली खिड़कियों से जब हवा भीतर झाँकती है,
आज क्यूँ नहीं लगाया तुमने इत्र,
सबब इसका माँगती है,
चुप्पियाँ क्यों बिखरी पड़ी तुम्हारे कमरे में,
क्यों सुबह से केश का उलझापन सँवरा नहीं है?
क्या कोई सपना टूटा था कल रात?
या किसी के आने का वादा टूटा था कल रात?
तुम्हारा चुप रहना भी; इतना चुप नहीं है,
ख़ामोशियों से तेरी गूँजती हैं दीवारें सारी...
पर खुश हूँ मैं ये देखकर,
कि वक़्त तुमने ये जड़ ना होने दिया,
समेट ली तुमने बिखरी रेत सारी,
फिर से तुम्हारी "रेत घड़ी" में,
आईने के सामने खड़े हो; हल्की मुस्कान के साथ,
तुमने अस्तित्व अपना मिटने ना दिया,
ललाट पे लगा बड़ी गोल लाल बिंदी,
फिर विश्वास खुद का जीत लिया,
फिर विश्वास खुद का जीत लिया...

10
ठहर ज़िन्दगी

ऐ जिंदगी ! खेल खिलाए तूने बड़े अलबेले,
तुझ संग लुकाछिपी में ;हम सालों भटके ।
अब समझ चुकी मैं; सारी अय्यारी तेरी है,
थोड़ा ठहर जिंदगी ; अबकी बारी मेरी है ।।

नाजुक गुलाब सी स्त्री हूँ पर,
मसल गई; तो भी गुलकंद बनूँगी ।
जीत जाने की; सारी तैयारी मेरी है,
थोड़ा ठहर जिंदगी ; अबकी बारी मेरी है ।।

बहुत सघन ये तिमिर है पर,
मैं किरणों सी आगे बढ़ूँगी ।
अब हर दिये को ;दीपावली बनाने की चाहत मेरी है,
थोड़ा ठहर जिंदगी ; अबकी बारी मेरी है।।

धरा सी गतिमान मैं अपनी धुरी पर;
हर रात्रि को दिवस में बारम्बार बदलूँगी ।
अब स्वयं ही सूरज बनने की हठ मेरी है,
थोड़ा ठहर जिंदगी ; अबकी बारी मेरी है ।।

11
श्यामल सलोनी

श्यामल सलोनी निशा सी तुम ; क्यों प्रभात होना चाहती हो ?
चाँद- तारे, जुगनुओं से पूर्ण हो ; क्यों अस्तित्व तजना चाहती हो ?
रंग श्यामल या श्वेत ; क्यों तुम्हारा हृदय श्रेष्ठता का प्रश्न करता है ?
क्यों श्वेत ही शाश्वत सलोना ; ये समाज कहा फिरता है ?

श्यामल चर्म का मर्म कुछ विशेष होता है ,
सब रंग जब एकसार हो जायें ; तब निर्माण इसका होता है ।
विविध रंगों का समेकित गुणधर्म इसका होता है,
इस इंद्रधनुषी संयोग का ; हृदय आकाश सा बड़ा होता है।।

तुम कहते हो ये काला रंग कुछ कटु सा लगता है,
जीवन की विफलताओं के मध्य अवसाद सा झलकता है।
फिर कैसे तुम श्यामल छवि के कान्हा से निःस्वार्थ प्रेम करते हो ?
उनकी श्यामल छवि को देख तुम अन्तस् से निर्विकार हो उठते हो।।

श्यामल वर्ण पे श्वेत और श्वेत वर्ण पे श्यामल परिधान उभरता है ,
परिपूरक रिश्ता दोनों का ; बरसों से यूँ ही साथ निभता है ।
देखो ! रंगों के परिवार में सबका महत्व एकसमान है,
किन्तु तुच्छ मानवीय मापदंडों में श्वेत ही सुंदरता का प्रमाण है।।

श्यामल सलोनी निशा सी तुम ; क्यों प्रभात होना चाहती हो ?
चाँद- तारे, जुगनुओं से पूर्ण हो ; क्यों अस्तित्व तजना चाहती हो ?
रंग श्यामल या श्वेत ; क्यों तुम्हारा हृदय श्रेष्ठता का प्रश्न करता है ?
क्यों श्वेत ही शाश्वत सलोना ; ये समाज कहा फिरता है ?

12
स्त्री अहसास

मेरी आँखें पहुँच रहीं हैं,
हर उस राह के छोर तक,
जहाँ से तुम्हारी वापसी की ,
पदचापें आती हैं...
क्योंकि तुम जब भी आओगे ,
मेरे स्त्री होने का अहसास भी लाओगे ...
लाओगे तुम प्रेम की अप्रतिम सौगातें ,
पायल , चूड़ी , सिंदूर और रेशमी साड़ी,
पहन के सब सोलह श्रृंगार ,
द्रवित हो जायेंगे लंबी प्रतीक्षा के पहाड़ ...
पारिजात सा प्रेम मेरा ; जिसे छू कर तुम,
यात्रा की थकन मिटा लेना,
मेरे पुहुपों की सुगंध; हथेलियों में भरकर ,
उड़ेल देना उन्हें इत्र सा ,
प्रणय मिलन की चौखट पर ...
कृष्ण निशा में प्रेम हमारा,
जगमग- जगमग छलकेगा,
चन्द्रमुखी का चंचल चितवन ,
फिर प्रभा सुनहरी देखेगा ...

मेरी आँखें पहुँच रहीं हैं,
हर उस राह के छोर तक,
जहाँ से तुम्हारी वापसी की ,
पदचापें आती हैं...
क्योंकि तुम जब भी आओगे ,
मेरे स्त्री होने का अहसास भी लाओगे ...

13
अर्थहीन

उम्र के अंतिम पड़ाव पर जब तुम जाओगे,
ना जाने कितने अर्थों में अर्थहीन हो जाओगे ।
जिन परेशानियों में प्रायः तुम उलझे रहते थे,
अब वो परेशानियाँ तुम्हें अर्थहीन सी लगेंगी ।
अर्थहीन लगेगा अधूरे प्रेम में जीवनभर तड़पना,
किसी को ना पाने का खेद करना ।
सफलता के लिए घंटों की मेहनत,
जीत का स्वाद भी फीका – अर्थहीन लगेगा तुम्हे ।
तुम्हारे जीवन को जीवनभर उलझाने वाली ,
बहुत सी बातें ; अब बचकानी और अर्थहीन हो जायेंगी ।
जीवन में मात्र ईश्वर ही तुम्हें सत्य लगेगा ,
इस संसार का हर प्राणी जब ईश्वर अंश लगेगा।
राग-द्वेष का फिर ना कोई दंश लगेगा,
और सुलझा- सुलझा तुमको अपना मन लगेगा ।
शायद पहली बार तुम्हें "अर्थहीन" होना,
सकारात्मक लगेगा ...और...
"अर्थहीन" होने में ही ,
जीवन का असली अर्थ दिखेगा ।
उम्र के अंतिम पड़ाव पर जब तुम जाओगे,

ना जाने कितने अर्थों में अर्थहीन हो जाओगे ।

14
धूप खिली है ...

बड़े दिनों के बाद बरसात रुकी है,
मेरे शहर में आज धूप खिली है...
दो प्रेमी राहों पे; फिर साथ चलें,
ये सोच छतरियाँ अब भी खुली हुई हैं ।
सड़कों पे नमी है अब भी बूँदों की,
शायद कुछ पलकें यादों से भीगी हुई हैं ।
बड़े दिनों के बाद बरसात रुकी है,
मेरे शहर में आज धूप खिली है...
बिजलियों का कौंधना डराता था कभी जिसको,
उस लड़की ने बादलों से फिर कुछ सिफारिश की है।
जो मेघ छँटे तो; स्याह नभ फिर नीला दिखता है,
किसी की मुस्कुराहट में दर्द का असर गहरा दिखता है।
बड़े दिनों के बाद बरसात रुकी है,
मेरे शहर में आज धूप खिली है...
कुछ दिनों पहले सागर सी उफन रही थीं कुछ नदियाँ,
आज फिर वो तालाब सा ठहराव हो गई हैं।
जो बातें नई- नई सी लगती थी कल तक,
आज वो कोई कहानी पुरानी हो गई हैं ।
बड़े दिनों के बाद बरसात रुकी है,

मेरे शहर में आज धूप खिली है...

15
बिंदिया मेरी

बिंदिया मेरी आठों प्रहर ; जीवन में उजास लाती है,
नित नये – नये रंग- रूप बदल; अन्नत भावों में ढल जाती है।

रक्तिम गोलाई सौभाग्य की प्रायः माथे पे सँवर जाती है,
बिंदिया मेरी मनमौजी सी रंग - आकार बदल जाती है।

कभी प्रभा सी चमकीली ; कभी रात सी सुरमई है ,
कभी हरित धरा हो जाती ; कभी नदिया सी नीली है।

त्योहारों की दहलीज पर ये ; कुछ विशेष हो जाती है,
संस्कारों की छाँव तले; मधुर- मधुर मुस्काती है।

परिधानों की रंगत से ; मिलान इसे अच्छा लगता है ,
ललाट मध्य संपूर्ण ब्रम्हांड सा; इसे सिमटना अच्छा लगता है।

बिंदिया मेरी आठों प्रहर ; जीवन में उजास लाती है,
नित नये – नये रंग- रूप बदल; अन्नत भावों में ढल जाती है।

16
खोखले रिश्ते

उम्रभर खोखले रिश्तों का बोझ ढोना,
जैसे रिसते घाव का नासूर होना ।
क्या पाओगे उनकी बनावटी बातों से,
अहसासों की घुटती साँसों से।
चुनिंदा उम्मीदें ही रह जायें जब जिन्दा,
बुझते दिए को आँधियों से बचाओगे कैसे?
बिना लगाव जिस्मों को अपने दायरे में रखना क्यों?
जी ना सकोगे तुम उनके बिन...
इस झूठ से खुदको भ्रमित करना क्यों?
मुक्त कर दो बेकार के भय अपने दिल से,
जीकर देखो एक ईमानदार रिश्ता खुदसे।
जो रिश्ते बेमन चल रहे एकराह ,
उनका पृथक होना सृजित करेगा नवारम्भ अपार ।
खिलखिलाओ , गुनगुनाओ ; जीवन पटल पे नये रंग चढ़ाओ,
आँसुओं से नहीं; बारिशों से खुद को भिगाओ ।
छोड़ दो ढोना खोखले रिश्तों का बोझ ,
ताकि तुम्हारे काँधे ;स्वाभिमान से ;उठें हर रोज ।

17
कहाँ आ गई हूँ मैं

बताओ तो कहाँ आ गई हूँ मैं?
है नीली झील चारों ओर और डूबने का डर नहीं,
परिंदों की तरह उड़ने का अहसास है,
और पतंगों की तरह कटने का डर नहीं,
मैं तितलियों सी सतरंगी हो गई हूँ,
और मधुर रस जीवन में भर रही हूँ,
मेरी शाखों पे अब नहीं आता कभी पतझड़,
बताओ तो कहाँ आ गई हूँ मैं?
लोग कहते हैं कि मैं प्रेम की परिधि में हूँ,
सागर सा वो; मैं उस ओर मुड़ती नदी सी हूँ,
सबने कहा बहक गई हूँ मैं प्यार के वादों में,
लगता है मुझको और सँभल गई हूँ उसके हाथों में,
जानती हूँ... जागते स्वप्न जी रही हूँ मैं,
फिर भी सबसे पूछती हूँ...
बताओ तो कहाँ आ गई हूँ मैं?

18

यात्रा

थके हो ? परेशान हो ? दिखते क्यों वीरान हो ?
चलो थामो मेरा हाथ...कुछ जादुई करते हैं...
छोड़ दो सब उजाड़ यहाँ ; हम फूलों की बगिया में चलते हैं...
मूँद लो अपनी आँखें ; बुनो स्वप्न सजीले ,
स्वर्णिम वसन पहन हम दोनों ; नव्य प्रभा से चमकें,
देखो ! वो दूर खड़ा सागर हमें निहार रहा ,
उठती – गिरती लहरों के शोर से हमें पुकार रहा,
जितना समीप जा रहे पयोधि उतना शांत होता जा रहा,
शीतल नीलवर्ण जलराशि देख ; आकर्षण बढ़ता जा रहा,
थामे हाथ एक-दूसरे का प्रवेश करें जल भीतर,
सुंदर - चंचल मछलियाँ ... सीपियाँ , मोतियाँ ,
अहा ! कितना मनोरम दृश्य है ये और देखो तो ...
श्वासों का आरोह – अवरोह और मधुरिम होता जा रहा ,
लहरों संग किलोल करतीं मेरी – तुम्हारी...
अपूर्ण अभिलाषाएँ अब पूर्ण होने को हैं...
अरे ! ... अरे ! ये क्या ... ये पानी क्यों स्याह हो रहा ,
शनैः शनैः साँसों में अवरोध हो रहा ...
हमारे जीवन की प्रतिकूलताएँ यहाँ भी पीछे चली आईं ,
विषाक्त हो रहीं साँसे ;तन और मन सब निढाल हो रहा...

जीवन–कहानी

कस कर थाम लो मेरा हाथ ; जिजीविषा को ना मद्धम करो,
एकत्र करो अन्तस् की ऊर्जा और फूँक दो शंखनाद अपने डर के प्रति,
देखो तो जिनसे हम आजीवन व्यर्थ ही डरते रहे,
एक पल भी तो ना सुन सके वो हमारे साहस का शोर ,
और कैसे तितर- बितर हो गया घनघोर अँधेरा ...
शिराओं में फुँक गये फिर प्राण ; अधरों पे निश्चिंत मुस्कान ,
अहा !भीतर से बाहर आल्हाद ही आल्हाद चहुँ ओर ...
आल्हाद ही आल्हाद चहुँ ओर ...

19

तुझमें मैं

तेरे नंगे पैरों से मैं धूल सी लिपटी रही,
तेरे दिल के अँधेरे में धूप सी सिमटी रही ।
तू जिस – जिस ओर मुड़ा ; हर उस मोड़ पे,
तुझसे जुड़ती गई ; संग तेरे बढ़ती गई ।।

अपनी परेशानियों में तू जब- जब उलझा,
मैं किसी हल सी तुझमें सुलझती गई ।
तू सपनों में खोता रहा सारी रात ,
और मैं नींद सी तुझमें जगती रही ।।

तू बादल आवारा हर नगर घूमा ,
मैं बरखा सी तुझमें ही रुकी रही ।
तू चाँद सा हर दिन रूप बदलता रहा,
मैं तारों सी एकसार तुझमें चमकती रही।।

तू शाखों सा हर दिशा बढ़ता रहा ,
मैं तने सी जड़वत तुझे मजबूती देती रही ।
तू पतंग सा छूता रहा सारा आसमान ,
मैं डोर सी तुझे सँभालती रही ।।

20
गाँव मेरा

पहुँचा जो मैं शहर ; मेरे गाँव की सौंधी मिट्टी पैरों में समेट लाया हूँ,
ढेरों दुआएँ सिर पर और आम के अचार संग खट्टी – मीठी यादें भी ले आया हूँ।
घुटन भरी हैं शहर की हवाएँ; मैं गाँव से ताजा साँसें खींच लाया हूँ,
नहीं मिलता आराम इन मखमली गद्दों पर;एक चारपाई दिल में बिछा लाया हूँ।
चूल्हे की खुशबू से महकता नहीं ये घर; वो खुशबू मुट्ठियों में समेट लाया हूँ,
हरियाली बिकती है यहाँ नर्सरी में ;मैं गाँव से कुछ पौधे बिन दाम उठा लाया हूँ।
बड़ी तीखी धूप यहाँ पे ; मैं ऊँचे पेड़ों की डालियों से छनती धूप ले आया हूँ ,
दिलों में बिछा हुआ है बंजरपन; मैं खेतों में अंकुरित स्नेह पोटली में भर लाया हूँ।
सूरज उगा फिर भी थके सवेरे यहाँ पर ; मैं गाँव की फुर्तीली सुबह खींच लाया हूँ,
मशीनों से निकलता यहाँ बेस्वाद पानी ;मैं कुँओं की मिठास अधरों पे ठहरा लाया हूँ।
पहुँचा जो मैं शहर ; मेरे गाँव की सौंधी मिट्टी पैरों में समेट लाया हूँ,

ढेरों दुआएँ सिर पर और आम के अचार संग खट्टी – मीठी यादें भी ले आया हूँ।

21

नया प्यार

अनोखा अहसास है ; ये नया प्यार है ...
उड़ रहीं सीपियाँ अब समंदर को छोड़ ,
उड़ रहे बादलों में नई प्यास है ।
जिस पुहुप को छुऊँ ;मुझपे रंग छोड़ दे ,
नई प्रीत में होली सा उल्लास है।
अनोखा अहसास है ; ये नया प्यार है ...
थोड़ा आगे चलूँ; थोड़ा पीछे चलूँ ,
एक नशे में मैं आजकल खुश रहूँ।
शीघ्र उष्ण ; शीघ्र शीत ; रेत सी रहूँ ,
मृगमरीचिका सी अतृप्त मैं रहूँ ।
अनोखा अहसास है ; ये नया प्यार है ...
सब कुछ भूलती रहूँ ; बस उसको याद मैं रखूँ ,
ना सोऊँ – ना जगूँ ; ख़्वाब में बस रहूँ ।
कहना तो है बहुत पर उसे कहूँ या ना कहूँ ,
मेरा मौन भी शोर कर रहा ; अब करूँ तो क्या करूँ ?
अनोखा अहसास है ; ये नया प्यार है ...

22
एक गर्म दोपहर

वो सुलगता सूर्य और गर्मियों की दोपहरी,
गर्म दोपहरी और मैं....
मैं और मेरा कमरा...
हल्के कत्थई पर्दों से ढँका; हल्का- हल्का श्यामल,
मेरा कमरा...
कमरे में पसरी एक शांत सी तन्हाई और...
कल्पनाओं की ठंडी नदियों में गोते लगाती मैं...
चुपचाप बहते चले आते कई विचार अचानक ही,
ऊँची उछाल ले लेते...और कभी गहरे समा जाते,
मन के एक कोने में...
मैं जुगनू बनके खोजती हूँ; घुप्प अँधेरों में खोए सपने,
फिर तितलियों सी उड़ एक- एक सपना पकड़ लाती हूँ,
और बाँध देती हूँ उनको अपनी कलम के साथ...
फिर करके उनको शब्दबद्ध छितरा देती हूँ काग़ज़ों पे,
और जब लेते हैं मेरे सपने किसी गीत – ग़ज़ल का रूप,
तो एकाएक भर जाता है समूचा कमरा...
शब्दों की ख़ुशबू और उजास से...
वो सुलगता सूर्य और गर्मियों की दोपहरी,
गर्म दोपहरी और मैं....

मैं और मेरा कमरा...

23
दोगलापन

उसे पसंद हैं सुंदर...बहुत सुंदर पर स्त्रियाँ,
चेहरे की अनावरित सुंदरता और...
एक छींक से भी उस सुंदरता का बिगड़ना,
उसे पसंद नहीं।
उसे पसंद हैं खुली सोच वाली सुंदर स्त्रियाँ,
ताकि वो परपुरूषों से बात करने में सकुचाये नहीं।
उसे देर रात घर लौटती, कामकाजी सुंदर स्त्रियाँ,
स्वावलंबी और समझदार लगती हैं।
उसे पसंद हैं तर्क-वितर्क करती सुंदर विदूषियाँ,
घर की परिधि से निकलती सुंदर स्त्रियाँ।
...परन्तु उसे नहीं पसंद...बिल्कुल नहीं पसंद...
अपनी स्त्री की सुंदरता का स्वच्छंद हो जाना,
उसे नहीं पसंद...
अपनी स्त्री का व्यर्थ घर से निकलना,
उसे नहीं पसंद...
अपनी स्त्री का गहरे रंगों से सजना – सँवरना,
उसे नहीं पसंद...
अपनी स्त्री का खुले केशों में घूमना,
उसे नहीं पसंद...

तार्किक संवाद करती अपनी स्त्री,
उसे नहीं पसंद...
पराये पुरुषों से असीमित बात करती अपनी स्त्री...
उसे तो बस पसंद हैं...
सुंदर...बहुत सुंदर पर स्त्रियाँ,
चेहरे की अनावरित सुंदरता और...
एक छींक से भी उस सुंदरता का बिगड़ना,
उसे पसंद नहीं।

24
जानबूझकर खो देना

तेरा मुझे जानबूझकर खो देना ,
और फिर ढूँढना बार – बार ...

कभी बालियों से मेरी ; चाँद को देखना ,
कभी तारों सा टिमटिमाये रहना सारी रात ।

तेरी हर छुअन पे मेरा काँच सा छितर जाना,
समेट कर मेरा हर टुकड़ा प्रेम का शीशमहल बनाना।

हाँ मुझे अब भी याद है ...
तेरा मुझे जानबूझकर खो देना ,
और फिर ढूँढना बार – बार ...

तू गया नहीं है अभी भी कहीं ,
उम्मीद सा बचा हुआ है यहीं ।

तेरी साँसे जो गुदगुदाती थीं मेरे लम्हे,
वो अब भी तितलियों सी महसूस होती हैं।

जीवन-कहानी

हाँ मुझे अब भी याद है ...
तेरा मुझे जानबूझकर खो देना,
और फिर ढूँढना बार – बार ...

25
भीड़तंत्र

भीड़ का क्या कोई निश्चित चरित्र होता है ? कोई निशानदेह चेहरा ; कोई जानी – पहचानी आवाज़ ...
कुछ तो अपना सा लगता होगा ; इस भीड़ तंत्र में कुछ तो स्वतंत्र सा लगता होगा...

कोरे काग़ज़ पे जब सत्य शब्द सिरजने लगते हैं ; तो भीड़ से अनेकों हाथ कलम पकड़ने लगते हैं,
अभिव्यक्ति की स्वतंत्रता को दौड़ती भीड़ द्वारा रौंद देने की नाकाम कोशिशें अब आम सी लगती हैं ।

भीड़ का क्या कोई निश्चित चरित्र होता है ?...

विवेकहीनता का लबादा उतार ये भीड़ कभी विवेकपूर्ण भी हो जाती है ,
ना जाने इसे क्या पसंद आ जाये ; आलोचनाएँ सभी अनुमोदन में बदल जाती हैं ।

भीड़ का क्या कोई निश्चित चरित्र होता है ?...

भीड़ का कभी तुम्हारे पीछे चल देना तो कभी तुमसे आगे निकल जाना ,

जीवन–कहानी

जैसे जीवन रंगमंच पे सहसा ही किरदारों का परस्पर बदल जाना ।

भीड़ का क्या कोई निश्चित चरित्र होता है ?...

मूर्छित नरमुंडों की भीड़ में जीवन का कुछ अंश बचा है ,
भीड़ है ये ; कब क्या कर जाये;इस अंकगणित में मन उलझा है।

भीड़ का क्या कोई निश्चित चरित्र होता है ? कोई निशानदेह चेहरा ; कोई जानी – पहचानी आवाज़ ...
कुछ तो अपना सा लगता होगा ; इस भीड़ तंत्र में कुछ तो स्वतंत्र सा लगता होगा...

26

प्रकृति और प्रीत

पीत किरण सूरज की झूलें अमलतास के फूलों पर ,
धवल चाँदनी मुस्काये रातरानी के अधरों पर ।
गुलमोहर पे मोहित होता मौसम गर्म दुपहरी का ,
गुलदाउदी के सौंदर्य ने जाड़ों का जीवन बदला।।

मोगरे सी महक उठी हो तुम मेरी यादों में ,
बस लाल रंग के लगे हुए हैं फूल मेरे गुलदानों में ।
तेरी चम्पई रंगत देख इठलाये चंपा आँगन में ,
तुम जूही बन सिमट गई हो जीवन के हर पहलू में।।

नीर नदी का जैसे दर्पण ; उड़ते बादल अपना मुख देखें ,
पंछियों ने बना घोंसला ; जड़वत तरु में फिर जीवन फूँके।
सिंदूरी प्रभा; पर्वत से पृथक हो ;फिर संध्या में सागर को चूमे,
मंद हवा ने बहते-बहते ; फिर कान में अद्भुत मंत्र हैं बोले ।।

तुम कल्पतरु सी खड़ी हुई हो; मेरी अभिलाषाओं की देहरी पर,
मैं याचक बन भँवरे सा मंडराऊँ तेरी हर एक डाली पर ।
मुझे झरने सा बना दिया है तेरी प्रीत के वेग ने ,
शांत झील सी ठहर गईं तुम मेरे हृदय के धोरों में ।।

27
आज फिर

आज फिर स्वयं से मैं प्रेम करने लगी हूँ,
साँझ से निकलकर भोर में उतरने लगी हूँ।
अलमारी के कोने में पड़े पुराने गुलाबी दुपट्टे को,
फिर ओढ़ कर नया सा करने लगी हूँ।
आज फिर स्वयं से मैं प्रेम करने लगी हूँ...
मन बाँसुरी सा हो गया है आज मेरा,
फिर फूँक इसमें प्रेम ; जीवन भरने लगी हूँ।
रातरानी, मोगरा, गुलाब और चमेली,
आज फिर सजीली सुगंधों से हथेली भरने लगी हूँ।
आज फिर स्वयं से मैं प्रेम करने लगी हूँ...
अपूर्ण थे कुछ पत्र और खाली लिफाफे,
एक – एक भाव जोड़कर अपूर्णता भरने लगी हूँ।
डाकिये सी हो गई हूँ आजकल मैं,
प्रियजनों को बंद लिफाफे में अहसास प्रेषित करने लगी हूँ।
आज फिर स्वयं से मैं प्रेम करने लगी हूँ...
सूखे काठ सी देह में प्राण का संचार ना था,
छिटकीं मेघों ने बूँदें तो नव कोपल बनने लगी हूँ।
तितली सी सुकोमल थी ; बच – बचके मैं उड़ती थी,
अब बाज़ सी मजबूत ऊँची उड़ाने भरने लगी हूँ।

शिवांगी शर्मा

आज फिर स्वयं से मैं प्रेम करने लगी हूँ ...

28
राष्ट्र के नाम

मेरी बगिया का सबसे सुंदर पुष्प राष्ट्र के नाम है,
मेरे स्वप्नों में है राष्ट्र और हर दिवस राष्ट्र के नाम है।
जिस पथ पे चले है सैनिक; उस पथ शीश नवाती जाऊँ,
मेरा समस्त स्वाभिमान – सम्मान राष्ट्र के नाम है।
मेरी लेखनी ने लिख डालीं; शौर्य गाथाएँ वीरों की,
मेरी कलम की स्याही की हर बूँद राष्ट्र के नाम है।
हिमालय से ऊँचा; गंगा सा पावन मेरे राष्ट्र का नाम है,
मेरे नाम की हर पहचान मेरे राष्ट्र के नाम है।
ध्यान योग में बैठी राष्ट्र नाम की माला जपती रहती,
मेरी भक्ति का सम्पूर्ण विश्वास राष्ट्र के नाम है।
राष्ट्र छवि की एक रंगोली सजाई है मैंने आँगन में,
मेरे जीवन के सब उत्सव – त्योहार राष्ट्र के नाम हैं।
मेरी बगिया का सबसे सुंदर पुष्प राष्ट्र के नाम है...

29
मिट्टी

मिट्टी का भाव हमेशा एकसार नहीं होता...
आँगन में रेंगते शिशु के घुटनों पे जब ये लगती है तो अबोध शिशु सी हो जाती है।
किसी मजदूर के नंगे छिले पैरों की दरारों में भरकर श्रमजीवी हो जाती है।
विरहग्रस्त नायिका जब भागती है बेसुध प्रेमी की यादों के पीछे,
तो उड़ कर उसके तन से लगकर वियोगयुक्त हो जाती है।
सच में...
मिट्टी का भाव हमेशा एकसार नहीं होता...
अपवित्र मानी जाने वाली गणिकाओं के आँगन की मिट्टी पवित्र हो जाती है।
किसी मृतदेह को दफन कर उस पर डाल दी गई तो मोक्षदायिनी हो जाती है।
रेगिस्तानों में यहाँ - वहाँ उड़ती हुई यायावर सी लगती है,
पानी में घुलकर नदी – समुद्र की तली में बैठी हुई स्थायित्व सी लगती है।
सच में...
मिट्टी का भाव हमेशा एकसार नहीं होता...
तपस्वी की देह और जटाओं का स्पर्श पाकर मिट्टी सन्यासिन हो जाती

है।
किसी गृहस्थ के पसीने में मिलकर सांसारिक हो जाती है।
कहीं उपजाऊ; कहीं बंजर; कहीं नम; कहीं रूखी; कभी ऊष्ण; कभी शीत,
पृथक- पृथक गुणधर्मों से सजी ... विविध भावों में ढली।
सच में...
मिट्टी का भाव हमेशा एकसार नहीं होता...

30
यायावर यादें

यायावर सी विचरती यादें...कभी तो कहीं ठहरती होंगी,
यादों का अपना कोई शहर, गली- मोहल्ला या घर तो होगा।
जहाँ एक शांत विराम के साथ वो भी करती होंगी आराम,
या बीती बातों की बेचैनी ने उन्हें भी सारी रात जगाया होगा।।

यादों का आना...जैसे शांत पानी में पत्थर फेंक दिया जाना,
फिर व्याकुल हृदयतल में; जाने क्या – क्या उसने छाना होगा।
कुछ नटखट यादें चोरी से मेरे तकिये के नीचे छिपा करती हैं,
शायद मुझे हँसाने- गुदगुदाने का इन्होंने ये तरीका निकाला होगा।।

वो यादें जो कभी – कभी... बड़ी दूर से मीलों की यात्रा तय कर आती हैं,
लादे एक बड़ा पिटारा; थकन भरा अहसास भी उनके संग आया होगा।
कुछ यादें हल्की- फुल्की; कुछ यादें हैं भारी- भरकम,
कुछ हैं मासूम सी; कुछ ने बड़ी जुगत लगाके चालाकियों को छिपाया होगा।।

कुछ यादें फेंफड़ों में पहुँचती ऑक्सीजन की तरह... नितांत आवश्यक होती हैं,
कुछ बहती हैं धमनियों में; तो कुछ ने आत्मा को भी सँवारा होगा।

कुछ यादें बुनती रहीं अपना मकड़जाल दिल की दीवारों पे,
अब नहीं दिखती वहाँ ; किसी ने तो कान खींचकर उन्हें दिल से निकाला होगा।।

31

नीम मीठे होते हैं

नीम मीठे होते हैं ...बहुत मीठे,
ये क्या आप पढ़कर हँस रहे हैं!
पर सच मानिये हमारे आँगन का नीम बहुत मीठा है,
मेरे बाबूजी/ जीवन की मीठी यादें जो बसती हैं इसमें...
मुझे याद है जब हम भाई- बहन बहुत छोटे थे,
तो एक शाम बाबूजी ऑफिस से आते हुए नर्सरी से ले आए थे इसे,
तब ये बहुत छोटा था बिल्कुल हमारे घर के बच्चों जैसा ,
अम्मा बहुत बिफरीं थीं बाबूजी पर तब,
बोलीं – " लाना ही था तो आम का पौधा ले आते "...
"बड़े होने पर उसके कच्चे – पक्के दोनों फल सबके खाने के काम आते "...
"ये क्या ले आए इतना कड़वा नीम "...
रूठी माँ की बातों पर बाबूजी तनिक मुस्काये ...
बोले –"बच्चों की अम्मा ...माना खाने के ये काम ना आये "...
"फिर भी देखो अपने गुणों से शरीर के अवगुण ये मिटाये "...
"इसकी पत्ती , डाली(दातुन), निम्बोली स्वास्थ्य के लिए अमृत सा काम कर जायें"...
अम्मा- बाबूजी की तीखी-मीठी नोंक- झोंक के बीच रौंप दिया गया नीम आँगन में ,

जीवन–कहानी

बाबूजी एक नन्हे शिशु के तरह रोज उसकी देखभाल करते...
और उसे बड़ा होते देख हर्षित होते ,
धीरे – धीरे माँ ने भी उसे घर का सदस्य मान लिया था ,
चुपके से कभी – कभी वो उसे प्यार से छूकर अपना ममत्व लुटा दिया करतीं थीं,
बड़े होते नीम से हमने भी दोस्ती कर ली थी ; हररोज उसकी छाँव तले मस्ती हमारी होती थी ,
कभी उसकी गिरी निम्बोलियाँ एकदूजे पे फैंकते तो कभी ...
उसकी मजबूत शाखों पे लटके झूले पर खुशियाँ हमारी मजे लेती थीं,
बाबूजी उसके नीचे कुर्सी डाल सुबह की चाय के साथ अख़बार पढ़ा करते,
अब बाबूजी नहीं रहे ...फिर भी उनकी मीठी यादें बसती हैं नीम तले,
इसकी पत्तियों और तने को छूते ही बाबूजी की उपस्थिति महसूस होती है,
सच में नीम मीठे होते हैं ...बहुत मीठे ...

32
एक दिन का लेखक

नीम मीठे होते हैं ...बहुत मीठे,
ये क्या आप पढ़कर हँस रहे हैं!
पर सच मानिये हमारे आँगन का नीम बहुत मीठा है,
मेरे बाबूजी/ जीवन की मीठी यादें जो बसती हैं इसमें...
मुझे याद है जब हम भाई- बहन बहुत छोटे थे,
तो एक शाम बाबूजी ऑफिस से आते हुए नर्सरी से ले आए थे इसे,
तब ये बहुत छोटा था बिल्कुल हमारे घर के बच्चों जैसा,
अम्मा बहुत बिफरीं थीं बाबूजी पर तब,
बोलीं – " लाना ही था तो आम का पौधा ले आते "...
"बड़े होने पर उसके कच्चे – पक्के दोनों फल सबके खाने के काम आते "...
"ये क्या ले आए इतना कड़वा नीम "...
रूठी माँ की बातों पर बाबूजी तनिक मुस्काये ...
बोले – "बच्चों की अम्मा ...माना खाने के ये काम ना आये "...
"फिर भी देखो अपने गुणों से शरीर के अवगुण ये मिटाये "...
"इसकी पत्ती, डाली(दातुन), निम्बोली स्वास्थ्य के लिए अमृत सा काम कर जायें"...
अम्मा- बाबूजी की तीखी-मीठी नोंक- झोंक के बीच रौंप दिया गया नीम आँगन में,

जीवन-कहानी

बाबूजी एक नन्हे शिशु के तरह रोज उसकी देखभाल करते...
और उसे बड़ा होते देख हर्षित होते,
धीरे – धीरे माँ ने भी उसे घर का सदस्य मान लिया था,
चुपके से कभी – कभी वो उसे प्यार से छूकर अपना ममत्व लुटा दिया करतीं थीं,
बड़े होते नीम से हमने भी दोस्ती कर ली थी ; हररोज उसकी छाँव तले मस्ती हमारी होती थी,
कभी उसकी गिरी निम्बोलियाँ एकदूजे पे फेंकते तो कभी...
उसकी मजबूत शाखों पे लटके झूले पर खुशियाँ हमारी मजे लेती थीं,
बाबूजी उसके नीचे कुर्सी डाल सुबह की चाय के साथ अख़बार पढ़ा करते,
अब बाबूजी नहीं रहे... फिर भी उनकी मीठी यादें बसती हैं नीम तले,
इसकी पत्तियों और तने को छूते ही बाबूजी की उपस्थिति महसूस होती है,
सच में नीम मीठे होते हैं... बहुत मीठे...

www.ingramcontent.com/pod-product-compliance
Lightning Source LLC
LaVergne TN
LVHW041715060526
838201LV00043B/744